DESCUBRIENDO TEXAS

Exploración en nuevas tierras

**Harriet Isecke and
Stephanie Kuligowski**

Consultora

Devia Cearlock
Especialista en estudios sociales de jardín de niños a 12.° grado
Amarillo Independent School District

Créditos de publicación

Dona Herweck Rice, *Jefa de redacción*
Conni Medina, *Directora editorial*
Lee Aucoln, *Directora creativa*
Marcus McArthur, Ph.D., *Editor educativo asociado*
Neri García, *Diseñador principal*
Stephanie Reid, *Editora de fotografía*
Rachelle Cracchiolo, M.S.Ed., *Editora comercial*

Créditos de imágenes:

Tapa, State Archives of Florida & North Wind Picture Archives; pág. 4 Alamy; pág. 5 The Granger Collection; pág. 6 National Geographic Stock; pág. 7 The Granger Collection; pág. 8 LOC [LC-DIG-pga-03133]; pág. 9 LOC [LC-DIG-PGA-02388]; pág. 9 (lateral) LOC [LC-USZC4-2920]; pág. 10 Histoire de la conquête du Mexique (1774) via Google Books; pág. 11 Archivo General de Indias via PARES; pág. 12 The Granger Collection; pág. 13 Album/Oronoz/Newscom; pág. 14 The Tom Lea Institute; pág. 15 Wittliff Collections, Texas State University-San Marcos; pág. 15 (lateral) North Wind Picture Archives; pág. 16 The Granger Collection; pág. 17 Getty Images; pág. 18 Bridgeman Art Library; pág. 19 Album/Oronoz/Newscom; pág. 20 Bridgeman Art Library; pág. 22 Bridgeman Art Library; pág. 24 Getty Images; págs. 24–25 The Granger Collection; pág. 26, 27 North Wind Picture Archives; pág. 28 Photo Researchers; pág. 29 (abajo)North Wind Picture Archives; pág. 29 (arriba) Corbis; pág. 32 LOC [LC-USZC4-2133]; todas las demás imágenes de Shutterstock.

Teacher Created Materials

5301 Community Drive
Huntington Beach, CA 92649-1030
http://www.tcmpub.com

ISBN 978-1-4333-7209-4

© 2013 Teacher Created Materials, Inc.
Printed in China
Nordica.082019.CA21901100

Tabla de contenido

Hace mucho tiempo en Texas..................... 4–7

Abriendo la puerta.....................................8–11

Cabeza de Vaca 12–17

Coronado..18–23

La Salle..24–27

Cambiando la historia 28–29

Glosario... 30

Índice... 31

¡Es tu turno!.. 32

Hace mucho tiempo en Texas

El Nuevo Mundo

Durante miles de años los indígenas americanos fueron los únicos habitantes de Texas. Muchas tribus distintas vivían en los bosques, las praderas, las montañas y las llanuras del estado. Sobrevivían gracias a la caza, la recolecta y la ganadería. Cada tribu tenía su propia cultura diferente, pero compartían un profundo respeto por la tierra.

En el siglo XVI comenzaron a llegar visitantes a Texas. Estos visitantes eran exploradores de Europa. Algunos habían navegado a través del océano Atlántico buscando aventuras. Otros buscaban oro. Muchos exploradores buscaban la gloria de obtener nuevas tierras para sus países.

Los países europeos competían por la tierra en el Nuevo Mundo. Los dirigentes querían extender sus **imperios** a través del océano. También querían las riquezas del nuevo mundo, como pieles y oro.

Las llanuras de Texas
Indígenas americanos

mapa del Nuevo Mundo

Pérdida de la vida

Las tribus indígenas americanas seguían muchas prácticas religiosas diferentes. Pero todas compartían un profundo respeto por la naturaleza. Creían que las plantas, los animales, las personas y la tierra eran partes del tejido de la vida. Cada elemento dependía del resto para su existencia. Los indígenas americanos no creían que la tierra pudiera comprarse, venderse o reclamarse.

España, Francia e Inglaterra comenzaron a colonizar Norteamérica. Inglaterra reclamó la costa este de Estados Unidos. Francia se instaló en algunas partes del Canadá y en zonas del norte de Estados Unidos. España reclamó las islas del Caribe, México y el sur de Estados Unidos.

Las colonias españolas incluían lo que hoy llamamos Texas. Pero en la década de 1680 un francés exploró la región. De repente, Texas se convirtió en el centro de una lucha por el poder entre dos poderosos imperios.

La era de la exploración

A finales del siglo xv los europeos comenzaron a viajar más lejos de casa. Los viajeros trajeron especias exóticas, seda, perlas y perfumes de Asia. A los europeos les gustaban mucho estos bienes. Enviaron exploradores a encontrar maneras más rápidas de conseguirlos.

especias

Primeros habitantes

aldea caddo

Muchos creen que los primeros americanos vinieron de Asia hace miles de años. Estas gentes de la antigüedad eran cazadoras. Siguieron a los animales a través de un puente de tierra que conectaba a Siberia con la Alaska de hoy en día.

A lo largo del tiempo, los cazadores se fueron esparciendo por Norteamérica. Algunos de ellos llegaron hasta Texas. Desarrollaron nuevas formas de vida, cazando animales y recolectando raíces y bayas. Otras tribus inventaron formas de cultivar en el clima seco.

Los caddo eran una tribu de granjeros que vivía en aldeas. Los españoles los llamaron *Tejas*, proveniente de la palabra caddo para "amigo". Esto evolucionó al nombre *Texas*.

Los karankawa eran pescadores establecidos en la costa del golfo. Los coahuiltecano eran recolectores que vivían a lo largo de la parte baja del río Grande. Los tonkawa eran **cazadores** nómadas de la zona central de Texas.

Las tribus apache y comanche fueron algunas de las últimas tribus indígenas americanas en **emigrar** a Texas. Los apache llegaron entre los siglos XI y XVI d. C. y eran granjeros y cazadores.

Los comanche una vez formaron parte de la tribu shoshone de Wyoming. Algunas bandas de comanches comenzaron a seguir a las manadas de bisontes hacia el sur. A finales del siglo XVII llegaron a Texas, poco antes de que llegaran los **conquistadores** españoles.

grupo de asalto comanche

Los jumano

Los jumano eran un grupo de indígenas americanos pueblo entre los siglos XVI y XVIII. Aunque eran comerciantes nómadas, vivían mayormente en el centro de Texas. Los jumano eran cazadores y comerciantes de bisontes.

Guerreros feroces

Los comanche eran la tribu más temida de Texas. Su nombre proviene de una palabra indígena ute que significa "aquel que siempre quiere luchar conmigo". Los comanche eran conocidos por asaltar a otras tribus y a los colonos europeos. En estos asaltos robaban caballos y armas.

Abriendo la puerta
Cristóbal Colón

En el siglo xv más europeos comenzaron a viajar por el mundo. Los **mercaderes** lo hicieron a través de una ruta por tierra hasta las Indias Orientales y descubrieron bienes exóticos. Las especias, la seda, las perlas y los perfumes que trajeron con ellos de vuelta a Europa se vendían a precios elevados y la demanda de estos bienes extranjeros aumentaba. Una ruta más rápida hacia las Indias Orientales proporcionaría a cualquier nación mayores riquezas y más poder.

Cristóbal Colón era un cartógrafo italiano con una idea única. Creía que podría llegar a las Indias Orientales navegando hacia el oeste desde Europa. La reina española Isabel la Católica estuvo dispuesta a apoyar el extraño plan de Colón, de modo que financió la **travesía**.

Colón presenta su idea ante los reyes Isabel y Fernando los Católicos.

Colón toma posesión del Nuevo Mundo.

Cristóbal Colón

En 1492 Colón zarpó hacia el oeste desde España. Cuando llegó a tierra pensó que había encontrado las Indias Orientales. ¡En realidad, había llegado a las Bahamas!

A pesar de su error, el viaje de Colón fue importante. Cambió el curso de la historia. Colón no fue el primer europeo en visitar el **hemisferio occidental**, pero su contacto conectó para siempre al Viejo Mundo con el Nuevo. Prosiguió a establecer la primera **colonia** europea en la isla de la Española. Esto abrió la puerta a la futura colonización española del Nuevo Mundo.

Antes de Colón

Unos 500 años antes que Colón, los vikingos de Escandinavia llegaron a Terranova. Exploraron la costa noreste de Norteamérica. Aunque no fue el primer explorador, Colón fue importante porque su contacto condujo a una presencia europea permanente en el Nuevo Mundo.

Rivales europeos

Las colonias españolas en el Nuevo Mundo dieron lugar a **rivalidades**. Otros países europeos querían lo que España tenía. Francia fue especialmente competitiva. Mientras que España reclamó tierras en México y el sur de Estados Unidos, los franceses colonizaron partes de Canadá y el norte de Estados Unidos. Pronto, ambos rivales se verían en un enfrentamiento por Texas.

Cartografía de la costa del golfo

Cristóbal Colón murió creyendo que había encontrado el camino más rápido hacia las Indias Orientales. La mayoría de los europeos sabía que Colón no había llegado tan lejos y seguían ansiosos por encontrar una ruta occidental hacia las Indias Orientales.

En 1519, el gobernador español de Jamaica envió a un explorador a que encontrara esa ruta. El explorador era un cartógrafo español llamado Alonso Álvarez de Pineda. Pineda dirigió una **expedición** compuesta de cuatro barcos y 270 hombres. Su misión era explorar la costa a lo largo del golfo de México entre Florida y México. Pineda esperaba encontrar un **estrecho**, o canal de agua angosto, hacia el océano Pacífico.

Pineda zarpó de Jamaica en marzo de 1519. Pineda y su tripulación fueron los primeros europeos que vieron el río Misisipi y el territorio de Texas. Ellos reclamaron esas tierras para España.

Pineda y su tripulación exploraron una bahía en la costa de Texas durante el día de la celebración católica de *Corpus Christi.* Pineda llamó al lugar **Bahía de Corpus Christi** en honor a la festividad religiosa. Durante su viaje, Pineda dibujó un mapa de la costa de Texas. ¡Este mapa fue el primer documento en la historia de Texas!

Hernán Cortés

Explorador rival

Durante sus viajes, Pineda conoció a otro explorador español. Hernán Cortés acababa de llegar a México. Tenía la intención de conquistar esa región. Cortés consideró a Pineda como un rival y le animó a que se devolviera.

Muerte de Pineda

La mayoría de la gente cree que en el otoño de 1519, Pineda y algunos hombres se quedaron en el río Pánuco, en México, para comenzar una colonia. El resto de la tripulación regresó a Jamaica. Cuando los barcos con provisiones volvieron a la colonia al año siguiente, descubrieron que indígenas americanos **hostiles** habían matado a Pineda y a la mayoría de sus hombres y caballos.

mapa de Pineda de la costa de Texas

Cabeza de Vaca
Arrastrado por la corriente

En junio de 1527 otra expedición española zarpó hacia el Nuevo Mundo. Un explorador llamado Pánfilo de Narváez dirigió a una tripulación de más de 400 hombres hacia la Florida. Álvar Núñez Cabeza de Vaca era el segundo de a bordo.

En 1528 la tripulación se vio atrapada en una tormenta violenta en el golfo de México. La mayoría de los 250 hombres y todos los caballos se perdieron. En noviembre la tripulación sobreviviente fue arrastrada por la corriente hasta la isla que en la actualidad se llama San Luis, cerca de lo que hoy en día es Galveston, Texas. Los hombres nombraron a la isla *Malhando*, que significa "desgracia". Estos sobrevivientes fueron los primeros europeos que caminaron sobre el suelo de Texas.

expedición de Cabeza de Vaca

Cabeza de Vaca

Uno de los sobrevivientes, Cabeza de Vaca, decidió tomar el mando de la expedición. A los hombres les resultó difícil la vida en esta tierra extraña. Fueron encontrados por los indígenas americanos karankawa, quienes los alimentaron, les dieron ropa y cobijo.

Los exploradores fueron rescatados en 1536, pero solo cuatro de los 400 que partieron originalmente seguían con vida. Cabeza de Vaca fue uno de esos sobrevivientes. Llevó consigo una historia increíble de regreso a España.

La cabeza de una vaca

Nadie conoce la historia real tras el nombre Cabeza de Vaca. Una leyenda cuenta que un ancestro utilizó el cráneo de una vaca para marcar un paso para los soldados cristianos durante las cruzadas. Los soldados vencieron a los moros musulmanes. Pero los historiadores ahora saben que esta historia no es real.

Gérmenes letales

Los europeos trajeron enfermedades extranjeras al Nuevo Mundo, incluido el sarampión, la viruela y la tos ferina. Estos gérmenes se esparcieron rápidamente a través de la población indígena americana. Los indígenas americanos no tenían resistencia contra estos gérmenes.

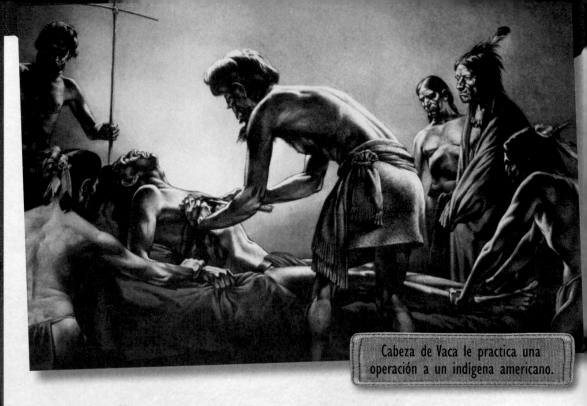

Cabeza de Vaca le practica una operación a un indígena americano.

Un enfoque diplomático

A diferencia de otros conquistadores, Cabeza de Vaca prefería la **diplomacia** a la **conquista**. Vivió entre los indígenas americanos durante ocho años, estudiando sus culturas. Cuanto más aprendía acerca de la gente que conocía, más la respetaba.

Cabeza de Vaca jugó muchos papeles mientras vivía con los indígenas americanos. A veces era un **cautivo**, retenido contra su voluntad. Otras veces era un médico, un **misionero** e incluso un cirujano. También fue el primer mercader europeo en Texas.

Los indígenas americanos creían que Cabeza de Vaca tenía poderes curativos. Le traían personas enfermas. Él les soplaba la piel, hacía el símbolo de la cruz sobre sus cabezas y rezaba. Muchos indígenas afirmaban que el hombre blanco los curaba. Cabeza de Vaca, que era católico, daba el crédito a Dios.

Cuando Cabeza de Vaca regresó a España, comenzó a escribir sobre sus años en Texas. Publicó un libro llamado **La Relación**. Regaló su libro al rey. Muchos otros españoles también lo leyeron. Otros exploradores se inspiraron en sus apasionantes historias. La gente empezó a emigrar en masa a Texas.

primera representación gráfica de un bisonte americano, basada en la descripción de Cabeza de Vaca

La Relación

La relacion y comentarios del gouerna oz Aluar nuñez cabeça de vaca, de lo acaescido en las dos jornadas que hizo a las Jndias.

Con priuilegio.

Aprende acerca de la tierra

Cabeza de Vaca estudió la tierra, las plantas y los animales de Texas. Fue la primera persona que escribió acerca del bisonte americano. Al principio confundió los bisontes con ganado.

¿Explorador y cirujano?

Cabeza de Vaca operó a un indígena americano. El hombre tenía una punta de flecha clavada en el cuerpo, cerca del corazón. Cabeza de Vaca sacó la punta de la flecha y cosió la piel del hombre. Se cree que esta fue la primera operación quirúrgica practicada por un europeo en el suroeste de Estados Unidos. La Asociación quirúrgica de Texas eligió a Cabeza de Vaca como su "santo patrón".

Riquezas legendarias

Una de las historias más populares que Cabeza de Vaca relató en su libro fue la leyenda de las Siete ciudades de Cíbola. A Cabeza de Vaca le habían relatado la historia sus amigos indígenas. Según cuenta la leyenda, siete bellas ciudades rebosaban de riquezas en Cíbola.

Cabeza de Vaca viajaba con un esclavo marroquí llamado Esteban. Ambos hombres proclamaban que había ciudades magníficas en el suroeste. Dijeron que vieron grandes edificios de piedra hechos de plata y **turquesa**. Nadie sabe si estaban mintiendo o si cometieron un error genuino, pero muchos compatriotas de Cabeza de Vaca estaban muy intrigados por la historia. Estaban hambrientos de oro y joyas y ansiosos por encontrar Cíbola.

Esteban explora el suroeste de Estados Unidos.

pueblo zuñi

Frank·Reed·Whiteside·

Esteban el moro

Esteban nació en Marruecos, en el norte de África. Era moro. Los moros eran un pueblo nómada de procedencia árabe. Eran musulmanes. Esteban fue vendido como esclavo siendo muy joven. Acompañó a su amo en la fatídica expedición de Narváez. Esteban fue la primera persona de procedencia africana que visitó Norteamérica.

Una posibilidad definitiva

En América Central y del Sur los conquistadores españoles habían visto (y saqueado) las riquezas de los imperios azteca e inca. La idea de otras siete ciudades repletas de riquezas no sonaba tan descabellada.

En 1539 el **virrey** de Nueva España envió a un misionero llamado fray Marcos de Niza a encontrar las ciudades. Esteban hizo de guía. En lo que en la actualidad es Nuevo México, Esteban se encontró con los **pueblos** de la tribu zuñi. Estos edificios de varias plantas estaban construidos con **adobe** y **mica**. La mica hacía que los edificios destellaran y brillaran. Los zuñi mataron a Esteban y el resto del grupo huyó. De regreso en la Ciudad de México, fray Niza proclamó haber visto las ciudades brillantes de Cíbola.

Coronado

El hombre que se hizo a sí mismo

Francisco Vázquez de Coronado nació en España en 1510. Venía de una familia noble. Pero eso significaba poco para Coronado, ya que era el segundo hijo. Según la tradición española el primer hijo **heredaba**, o recibía, el dinero y las propiedades de la familia. Coronado tendría que ganarse su propia fortuna.

Francisco Vázquez de Coronado

En 1521 España había conquistado a los aztecas en lo que en la actualidad es México. España comenzó una gran colonia llamada *Nueva España*. En 1535 Antonio de Mendoza fue nombrado virrey de la colonia. Su tarea era supervisar la colonia y descubrir más acerca del nuevo territorio de España.

pirámide azteca del sol en Teotihuacán, México

Antonio de Mendoza

Beatriz de Estrada

La esposa de Coronado, Beatriz de Estrada, era la hija de un funcionario gubernamental de Nueva España. Era famosa por su belleza y su bondad. Después de su boda, Beatriz y Coronado heredaron una gran propiedad.

Un gran trabajo

Cuando Antonio de Mendoza llegó a Nueva España para ocupar el puesto de primer virrey de la colonia se encontró frente a un gran desafío. Tenía que lograr que la colonia prosperara y que las autoridades locales respetaran la autoridad del rey. Mendoza desarrolló una reputación de gobernante sabio y trabajador.

Mendoza era amigo de la familia Coronado. Nombró al joven Francisco Coronado, de 25 años, su asistente. Coronado zarpó hacia Nueva España con Mendoza.

Coronado aprovechó bien el tiempo creándose una reputación en el Nuevo Mundo. En pocos años fue nombrado gobernador de una de las provincias de Nueva España. También se casó con una mujer que venía de una familia rica y poderosa.

Pero Coronado tenía planes aún más ambiciosos. Había escuchado las historias acerca de las Siete ciudades de Cíbola. Coronado quería encontrar esas ciudades.

La búsqueda de Cíbola

Francisco Vázquez de Coronado quería encontrar las Siete ciudades de Cíbola. El virrey Antonio de Mendoza y él organizaron una expedición. Esta incluyó más de 1,000 soldados españoles e indígenas americanos, además de rebaños de ganado para proporcionar alimento. Cuatro misioneros católicos, entre ellos fray Marcos de Niza, también se unieron al grupo.

En febrero de 1540 la expedición partió de Compostela, México. Coronado dirigió al ejército por la costa oeste de México y por lo que ahora es el estado de Arizona, para llegar después a Nuevo México.

En julio fray Niza los condujo hacia el lugar que describió como la ciudad de oro. En lugar de una ciudad dorada encontraron un pueblo zuñi. Era una de las ciudades de Cíbola, pero no era rica. Y era el hogar de hostiles indígenas americanos zuñi.

la expedición de Coronado

Coronado y su ejército atacan el pueblo zuñi.

A medida que los españoles se aproximaban, los guerreros zuñi lanzaban flechas y piedras. Coronado era un objetivo fácil por su armadura dorada. Pero el ejército de Coronado derrotó a los zuñi. Los zuñi huyeron y los hombres de Coronado se apoderaron del pueblo. Desde ahí pequeños grupos buscaron riquezas. Estos fueron los primeros europeos que vieron el Gran Cañón y el río Colorado.

el Gran Cañón y el río Colorado

La verdadera Cíbola

Finalmente la tropa de Coronado descubrió el misterio de las Siete ciudades de Cíbola. Las siete ciudades eran siete pueblos zuñi. Situados en un radio de 12 millas (19 km) los unos de los otros, componían un reino llamado Cíbola. Los edificios de varios pisos estaban construidos con adobe, que puede parecer dorado dependiendo de la luz. Pero los zuñi que vivían en Cíbola no poseían ni oro ni piedras preciosas.

Gran error

Cuando los hombres descubrieron el error de fray Marcos de Niza, montaron en cólera. Le gritaron insultos. Le obligaron a dejar la expedición y regresar a México. Fray Niza fue deshonrado.

Un recorrido espléndido

Los indígenas de los poblados vecinos se enteraron del ataque español al pueblo zuñi, de modo que enviaron **emisarios** para recibir a los españoles. Los indígenas americanos hicieron una propuesta de paz. Establecieron relaciones comerciales. Condujeron a los hombres de Coronado hacia el este, a un gran asentamiento.

La aldea de los tigüex era el poblado indígena americano más **próspero** que los españoles nunca habían visto. Estaba construido en la ribera del río Grande, cerca de lo que es ahora Albuquerque, Nuevo México. Coronado y sus hombres pasaron muchos meses viviendo en Tigüex.

Al final, ciertas tensiones entre los dos grupos llevaron a la guerra de Tigüex. Por dos meses durante el invierno los indígenas americanos defendieron sus pueblos contra los españoles. Finalmente, los tigüex se rindieron. Se mudaron a otras comunidades colindantes durante el resto de la expedición española.

la guerra de Tigüex

Labels on map:
Gran Cañón
Río Colorado
COLORADO
KANSAS
Quivira
ARIZONA
NUEVO MÉXICO
OKLAHOMA
Río Arkansas
Río Rojo
TEXAS
Río Grande
OCÉANO PACÍFICO
Golfo de California
MÉXICO
Golfo de México
Compostela
Ciudad de México

la expedición de Coronado

Un amigo por conveniencia

El virrey Antonio de Mendoza había ayudado a planear la expedición de Coronado. Incluso la había financiado con parte de su propio dinero. Pero cuando Coronado regresó sin oro, Mendoza se volvió en contra de su amigo de tanto tiempo.

Sin oro, no hay gloria

Coronado esperaba que esta expedición les proporcionara oro y gloria a España y a él mismo. Pero en lugar de regresar a una bienvenida de héroe, fue acusado de crueldad hacia los indígenas americanos. Perdió su puesto de gobernador y fue delegado a un puesto de funcionario público en la Ciudad de México. Murió en 1554.

En la primavera los hombres de Coronado continuaron su búsqueda de oro. Un nativo les habló de un reino rico al este llamado **Quivira**. Se dirigieron hacia el este, a través del enclave de Texas. Llegaron a las llanuras de Kansas. Allí encontraron Quivira y descubrieron que era una aldea indígena pobre.

Coronado regresó a su hogar, México, en 1542. Había explorado gran parte del suroeste de Estados Unidos. Pero como regresó sin riquezas, su viaje fue considerado un fracaso.

La Salle
Grandes planes

Los españoles no fueron los únicos europeos que exploraron el suroeste. Un **ambicioso** explorador francés dirigió los asentamientos europeos en Texas. René-Robert Cavelier, conocido como señor de La Salle, pasó años buscando una ruta fluvial a través de Norteamérica.

En el otoño de 1681 La Salle partió en su cuarta expedición del río Misisipi. El 9 de abril de 1682 llegó al golfo de México. Había conseguido finalmente llegar al océano. Reclamó las tierras para Francia y las llamó *Luisiana*, en honor al rey Luis XIV.

La Salle

La Salle reclama Luisiana para Francia en 1682.

El rey Luis XIV estaba contento con el descubrimiento de La Salle porque Francia y España estaban a punto de comenzar una guerra. El rey estaba buscando formas de luchar contra los españoles en América del Norte. Controlar el río Misisipi y el golfo de México suponía una gran ventaja.

El rey envió a La Salle de vuelta al golfo de México con cuatro barcos, 150 soldados y unas 10 familias de colonos. El plan era construir un fuerte en la desembocadura del río Misisipi, cerca del territorio español. La Salle también planeaba formar **alianzas** con los indígenas americanos para luchar contra los españoles.

Reclamo sólido

La toma de territorio efectuada por La Salle reforzó la presencia de Francia en Norteamérica. El territorio de Luisiana se extendía desde los Grandes Lagos hasta el golfo de México y desde los montes Apalaches hacia el oeste hasta las montañas Rocosas. Francia podía utilizar esta tierra para dominar el Nuevo Mundo y enriquecerse en el proceso.

Bloqueo de la expansión

Francia quería reclamar todo el río Misisipi. El gran río fluye hacia el sur a través de toda la parte central del país. Francia esperaba bloquear la expansión de los colonos ingleses hacia el oeste controlando el río.

Tiempos rigurosos en Texas

En el verano de 1684 La Salle zarpó desde Francia hacia el golfo de México. Pasó semanas buscando la desembocadura del río Misisipi. Era imposible saber qué **ensenada** conducía al gran río. Por fin, en febrero de 1685 los barcos entraron en la bahía de Matagorda, en la costa texana.

El barco de suministros de la expedición naufragó. La mayoría de los suministros de alimentos, medicinas, herramientas y armas estaban en ese barco. La Salle y la tripulación montaron un campamento en la costa cenagosa entre lo que hoy son las ciudades de Galveston y Corpus Christi. La mayoría de los colonos enfermaron debido a la comida podrida y al agua **salobre**, o salada. La gente moría cada día.

barcos de La Salle en la bahía de Matagorda

La Salle es asesinado.

Asesinado

La Salle se había pasado del río Misisipi por 500 millas (805 km). En 1687 se dio cuenta de que tendría que regresar a Montreal en busca de provisiones. A muchos hombres que lo acompañaron en su viaje al norte no les gustaba La Salle, así que le dispararon en la cabeza.

Apropiación de la tierra de Texas

El fuerte Saint Louis fue abandonado a los pocos años. Pero este asentamiento francés fue el que impulsó los asentamientos europeos en Texas. Los españoles no querían que los franceses se les interpusieran en el camino de expandir su imperio, de modo que construyeron su propio fuerte. El presidio La Bahía, en Goliad, Texas fue completado en 1721.

La Salle reubicó el campamento tierra adentro. El asentamiento se denominó el fuerte Saint Louis. La pequeña colonia fue el primer dominio francés en suelo texano. La Salle sabía que los colonos no sobrevivirían durante mucho tiempo, así que junto a un pequeño grupo de hombres se dirigió hacia el norte en busca de provisiones.

La Salle nunca consiguió volver a el fuerte Saint Louis. Para cuando la ayuda llegó la colonia estaba desierta. El primer asentamiento francés en Texas fracasó, pero cambió el curso de la historia de Texas.

Cambiando la historia

Intercambio colombiano

Texas fue un lugar de grandes interacciones culturales entre grupos diferentes. Los historiadores denominan el intercambio de animales, plantas, enfermedades, bienes e ideas entre exploradores europeos e indígenas americanos el *Intercambio colombiano*.

Desde la perspectiva indígena americana, este intercambio fue tanto una bendición como una maldición. Por una parte, los indígenas se beneficiaron de las armas y los caballos europeos. Por otra, las enfermedades europeas destruyeron muchas tribus indígenas americanas.

Los barcos de Colón zarpan de España en 1492.

Muchos exploradores europeos jugaron un papel importante en la historia de Texas. En 1492 Colón estableció la primera colonia europea en el Nuevo Mundo. Esto abrió la puerta para que España construyera un imperio en las Américas. En 1519 Pineda cartografió la costa del golfo de Texas para España.

Cabeza de Vaca fue arrastrado por la corriente hasta una isla en la costa de Texas en 1528. Durante ocho años vivió entre las tribus de Texas y estudió sus culturas.

En 1540 Coronado partió a conquistar las Siete ciudades de Cíbola y sus riquezas legendarias. Nunca encontró oro, pero durante sus viajes exploró gran parte del sureste de Estados Unidos.

A finales del siglo XVII el explorador francés La Salle buscaba la desembocadura del río Misisipi. Navegó al interior de la bahía de Matagorda en la costa de Texas. La Salle estableció la primera colonia francesa de Texas.

Estos exploradores valientes arriesgaron sus vidas para visitar lugares nuevos y reclamar tierras para sus países. No siempre encontraron el oro y la gloria que deseaban, pero contribuyeron a formar el estado de Texas y las Américas.

Coronado, sus tropas y un indígena americano

Cabeza de Vaca y los sobrevivientes caminan hacia México desde Texas.

Glosario

adobe: arcilla depositada por los ríos, utilizada en la construcción de ladrillos

alianzas: asociaciones de grupos que están de acuerdo en cooperar para lograr objetivos comunes

ambicioso: deseoso de lograr una meta

cautivo: una persona retenida contra su voluntad; un prisionero

colonia: un país o área bajo el control de otro país; el grupo de personas que viven ahí

conquista: el acto de ganar algo por la fuerza

diplomacia: mantener una relación entre dos o más grupos

emigrar: moverse de un lugar a otro

emisarios: representantes enviados a una misión

ensenada: una bahía pequeña o estrecha

estrecho: una vía fluvial que conecta dos cuerpos de agua más grandes

expedición: un viaje realizado con un propósito específico, especialmente para explorar

hemisferio occidental: la parte del mundo que incluye a Norteamérica y Suramérica

heredaba: recibía algo de alguien que ha fallecido

hostiles: muy poco amigables

imperios: grupos de naciones o territorios gobernados por una sola autoridad

mercaderes: gente que compra y vende artículos con fines de lucro

mica: un mineral brillante

migrar: moverse de una ubicación a otra

misionero: persona que comparte su fe religiosa con los demás, especialmente en otros países

nómadas: que no tienen hogar fijo; que se mueven con las estaciones del año en busca de alimento

próspero: exitoso y floreciente

pueblos: viviendas parecidas a apartamentos, usualmente de varios pisos, en que vivían algunos indígenas americanos

rivalidades: competencias entre dos o más países

salobre: salado

saqueado: robado

travesía: un viaje largo por aire, tierra o mar

turquesa: piedra semipreciosa, verde azulada, que se utiliza en joyería

virrey: el gobernador designado de una colonia, país o provincia, que sirve como representante de un gobierno

Índice

apache, 7

bahía de Corpus Christi, 11

bahía de Matagorda, 26, 29

bisontes, 7, 15

Cabeza de Vaca, Alvar Núñez, 12–16, 29

coahuiltecanos, 6

Colón, Cristóbal, 8–10, 28

comanche, 7

conquistadores, 7, 14, 17

Coronado, Francisco Vásquez de, 18–23, 29

Cortés, Hernán, 11

enclave de Texas, 23

esclavitud, 17

Española, 9

Esteban, 16-17

Estrada, Beatriz de, 19

Florida, 10, 12

fuerte Saint Louis, 27

Galveston, 12, 26

golfo de México, 10, 12, 24–26

Gran Cañón, 21

imperio azteca, 17–18

imperio inca, 17

indígenas caddo, 6

intercambio colombiano, 28

isla Malhando, 12

jumano, 7

Kansas, 23

karankawa, 6, 13

La Relación, 15

La Salle, René-Robert Cavalier, Sieur de, 24–27, 29

Luis XIV, 24–25

Luisiana, 24-25

Mendoza, Antonio de, 18–20, 23

Narváez, Pánfilo de, 12, 17

Niza, Marcos de, 17, 20–21

Nueva España, 17–19

Pineda, Alonso Álvarez de, 10–11, 28

Quivira, 23

río Colorado, 21

río Grande, 6, 22

río Misisipi, 10, 24–27, 29

Siete ciudades de Cíbola, 16, 19–21, 29

Tigüex, 22

tonkawa, 6

vikingos, 9

zuñi, 17, 20-22

¡Es tu turno!

Francisco Vázquez de Coronado fue un explorador español. Él quería encontrar las Siete ciudades de Cíbola. Se decía que estas ciudades estaban hechas de oro y repletas de riquezas. En 1540 Coronado dirigió una expedición por el suroeste americano. Allí encontró una de las ciudades legendarias. Pero no estaba hecha de oro. Era un poblado hecho de arcilla de adobe dorada. Los hombres de Coronado atacaron el poblado y vencieron a los zuñi.

Y en el programa de hoy...

Imagina qué ocurriría si en un programa de entrevistas actual el presentador pudiera entrevistar a Coronado acerca de su búsqueda de la ciudad de Cíbola. ¿Qué le preguntaría? ¿Cómo contestaría Coronado? Escribe la conversación.

Descubriendo Texas

En el siglo XVI, los exploradores europeos llegaron a Texas en busca de oro y gloria. Sin embargo, pronto se dieron cuenta de que algunas personas ya vivían en la tierra que creían haber descubierto. Los españoles fueron los primeros europeos en llegar. Buscaban oro y trataban de convertir a los indígenas americanos al cristianismo. No obstante, en 1685, un explorador francés llamado La Salle llegó a la zona. En poco tiempo, Texas fue objeto de conflictos entre las distintas potencias europeas.

La historia de Texas

ISBN 978-1-4333-7209-4

50000

9 781433 372094

TCM 18209